leuchtend gelb
vor meiner Haustür
der Ginkgo

Manfred Bartsch

*1952, lebt und schreibt in Stuttgart
Veröffentlichungen mit der Lyrikgruppe WortRose
und in Anthologien

leuchtend gelb
vor meiner Haustür
der Ginkgo

Manfred Bartsch

Haiku & Ikigai

edition imme

Gestaltung: Wolfgang Brenneisen
Verlag: BoD · Books on Demand GmbH,
Überseering 33, 22297 Hamburg, bod@bod.de
Druck: Libri Plureos GmbH,
Friedensallee 273, 22763 Hamburg
ISBN: 978-3-8192-0932-1

Haiku und Ikigai

Wenn man Kurzgedichte schreibt, kommt man automatisch zum Haiku, wird zum Haijin, zum Haiku-Dichter. Diese Dreizeiler kommen aus Japan und sind die kürzeste Gedichtform. Sie sollten nicht -mehr als 5-7-5 (eher 3-5-3) Silben lang sein, Sachverhalte der Gegenwart darstellen und einen Naturbezug haben.

Man ist damit automatisch mit der japanischen Kultur konfrontiert und entdeckt Ikigai, die Suche nach dem ganz persönlichen Lebenssinn. Gemeint sind Dinge oder Aktivitäten, die das Leben lebenswert machen, in denen man ganz aufgeht. Für die es sich lohnt, jeden Morgen aufzustehen. Sie spenden Lebensfreude und Zufriedenheit. Ein so gefundenes Ikigai fördert die Resilienz und kann das Leben verlängern.

Der Psychiater Tsukasa Kobayashi vertrat die Meinung, Haiku schreiben sei Asobigai. Das bedeutet Spielereien, die es wert sind, Zeit mit ihnen zu verbringen. Das ist natürlich richtig. Doch die radikale Reduktion, die aufmerksame Achtsamkeit auf Augenblicke, die sich nicht wiederholen, die Entdeckung der Schönheit des Unvollkommenen, finden sich auch in Ikigai wieder. Jede Art von Kunst ist ein Ikigai und spendet Lebensglück.

Deshalb:

jeden Tag
ein Haiku schreiben
zur Übung

im Schälchen
und mit Verbeugung
ein Sake

酒 

auf dem Tisch
ein leichtes Gebäck
mit Ingwer

たい焼き

die Tasse
ist Heimat auf Zeit
für den Tee

der Kranich
im Morgennebel
regungslos

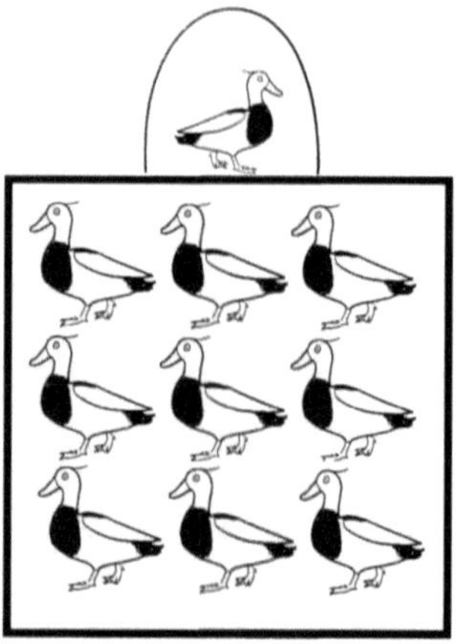

schön verpackt
das bunte Papier
zum Falten

Laterne
die Kinderaugen
leuchten auch

rot gefleckt
im seichten Wasser
der Karpfen

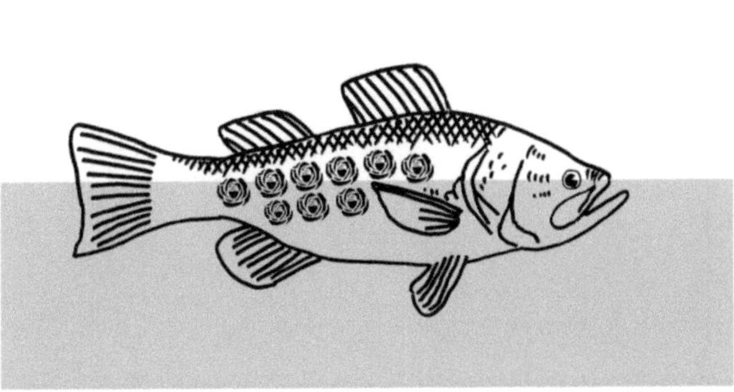

Mitternacht
die Küche ist hell
vom Mondlicht

Nachthimmel
der Hibiskus wirft
Blüten hoch

hoch am Baum
der rote Vogel
nur ein Blatt

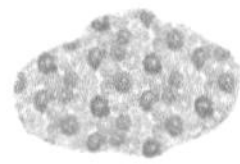

im Kloster
Stille aushalten
wo denn sonst

Fuji-san
im weißen Gewand
der Vulkan

absichtslos
meine Absicht ist
nur sitzen

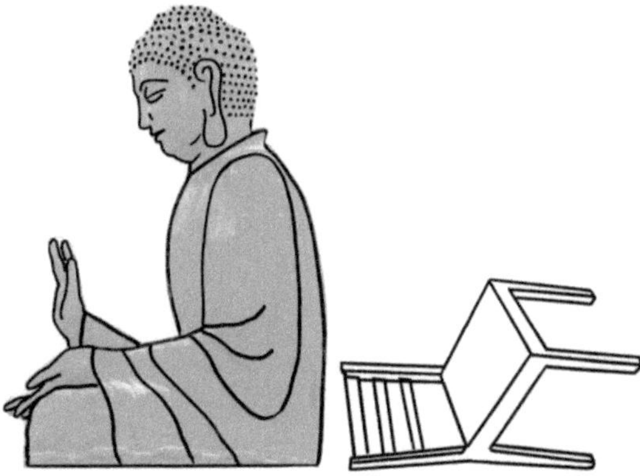

mein Rücken
verbindet Himmel
und Erde

Lichtfilter
die schmalen Blätter
des Bambus

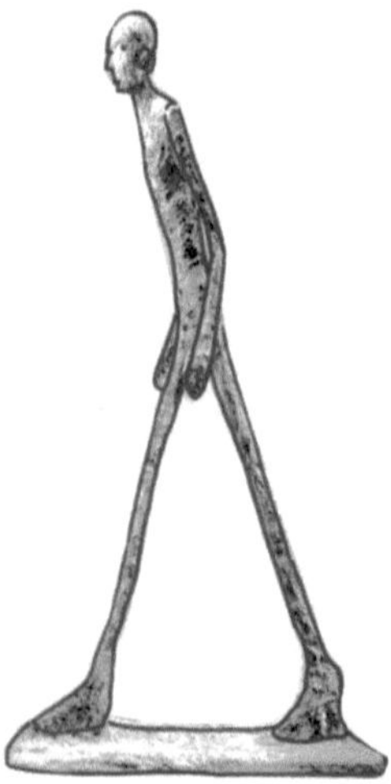

die Töne
der Bambusflöte
beim Kinhin

schon der Wunsch
nach wunschlosem Glück
ist einer

beim Gassho
berühren sich die
Handflächen

Kirschblüte
in das Abendlicht
fällt ein Blatt

sie ist klein
die Gartenschere
für Rosen

es regnet
die Tropfen springen
in Pfützen

der Besen
er scheucht sie vom Weg
die Blätter

Manfred Bartsch
im Dickicht meiner Notizen ein Haiku
Kurzgedichte
edition imme
Books on Demand, Norderstedt
ISBN 9783769399981

Manfred Bartsch, Rudolf Häfele, Uwe Rapp
Europa: Bilder - Gedichte
Scribo Verlag
ISBN 9783937310329

Manfred Bartsch, Rudolf Häfele, Uwe Rapp, Irma Rommel
Die Elemente - Gedichte
Scribo Verlag
ISBN 9783947489015

Widmar Puhl
Tatort Schriftstellerhaus
Poesie & Porträts
edition poethen's poeten
Books on Demand, Norderstedt
ISBN 9783755761211

Wolfgang Brenneisen
40 Jahre LyrikKreis Stuttgart
Acht Haiku
edition poethen's poeten
Books on Demand, Norderstedt
ISBN 9783759783394

Wolfgang Brenneisen
17 Premium Haiku
imme klassiker
Books on Demand, Norderstedt
ISBN 9783769310757

Ken Mogi
Ikigai - die japanische Lebenskunst
Dumont Buchverlag
ISBN 9783832165161